마중도 배웅도 없이

마중도 배웅도 없이

박준 시집

창비

차례

제1부 · 부르며 그리며 짚어보며

010　지각

011　미아

012　이사

013　마름

014　아침 약

016　오월에는 잎이 오를 거라 했습니다 흰 것일지 푸른 것일지 알 수는 없지만 팔월이면 꽃도 필 거라 했습니다

017　앞으로 나란히

018　손금

020　초승과 초생

022　섬어(譫語)

023　세상 끝 등대 5

024　소일

026　우리 없는 곳까지

027　장악

제2부 • 묶어져야 합니다

030 　 은거

032 　 설령

034 　 공터

035 　 마음을 미음처럼

036 　 다시 공터

037 　 벽

038 　 소백

039 　 아래 흰빛

040 　 바람의 언덕

042 　 꿈속의 사랑

043 　 높고 높은 하늘이라 말들 하지만

044 　 아껴 보는 풍경

045 　 밥상

제3부 · 겨울을 지나는 수련처럼

048　　낮달

049　　연립

052　　동네

053　　경기도 파주시 파평면 397-1

054　　능곡빌라 3

055　　쪽

056　　잔치

058　　도화

059　　수련

060　　새로운 버릇

061　　바닥

제4부 · 일요일 일요일 밤에

064　　눈

065　　인사

066　　일요일 일요일 밤에

067　　낮의 말

068　　밤의 말

070 만약에

071 상

072 블랙리스트

073 귀로

074 동강

075 가나다라

076 극

077 소인

078 오월

079 팔월

산문
082 생일과 기일이 너무 가깝다

088 해설 | 송종원
110 시인의 말

제 1 부

부르며 그리며 짚어보며

지각

나의 슬픔은 나무 밑에 있고
나의 미안은 호숫가에 있고
나의 잘못은 비탈길에 있다

나는 나무 밑에서 미안해하고
나는 호숫가에서 뉘우치며
나는 비탈에서 슬퍼한다

이르게 찾아오는 것은
한결같이 늦은 일이 된다

미아

 사람들에게 휩쓸려 잡고 있던 손은 놓치고 가방까지 어딘가에 흘리고 그렇게 서로를 잃어버렸을 때 다른 곳으로 가면 안 돼 잃어버렸다는 생각이 처음 든 자리에서 기다리고 있어야 해 네가 나를 찾을 필요는 없어 내가 너를 찾을 거야

이사

마지막으로 우리는 발꿈치를 들어
높게 난 창 너머를 바라보았습니다

언덕이 없는 순한 길
밤나무와 학교와 병원

저마다 바래 이제는
비슷한 색을 나누어 가진 지붕들

눈 밑에 불길을
내려두면서도
상현처럼 웃었고

언제인가
질렀어야 할 비명은
사람의 말로 나누었습니다

마름

이제 이곳 해안에도
여름 물이 마르고
가을 찬물이 들어옵니다

보잘것없는 상대에게
한번 옮겨 간 마음은

어지간해서 다시 거두어들이기
어렵다는 사실을 새로 배우고 갑니다

살면서 나를 아껴준
몇몇 이들도 한번쯤
이곳을 다녀간 모양입니다

아침 약

열이 채 가시지 않은
페이지를 넘기는 동안에도
몸은 기운을 차려갑니다

그제 병원에 갔을 때는
환자분 성함이 어떻게 되세요? 하고
세번이나 물어 왔습니다

답을 할수록
왜 이름이 설게 느껴졌을까요

약국에 들러서
약도 받아 왔습니다

얼마간 먹어야 하겠지만
남길 수 있다면 좋을 것입니다

알약마다 고운 색이
여전히 큰 위안이 됩니다

반쯤 남은 물컵 속으로 아침 빛이 듭니다

멀리서 온 것과
더 멀리 떠나야 할 것이
한데 뒤섞입니다

오월에는 잎이 오를 거라 했습니다 흰 것일지 푸른 것일지 알 수는 없지만 팔월이면 꽃도 필 거라 했습니다

여름 오는데 싹은 나지 않고 여름 지나도 기색 없었지만 화분은 빛과 그늘과 바람과 비를 맞이하는 화분으로 있습니다 어려서 살던 집 마당에 있던 부른다고 해서 오는 법은 없었지만 부르지 않아도 어디 가지 않던 큰 개처럼 말입니다 돋은 적 없어 떨어진 적 없고 핀 적 없어 시들지 않습니다 겨울이 겨울로 가는 것처럼 아무것도 없는 시간이 아무것도 없이 오는 것처럼 마른기침처럼 아니면 멀리 있는 이가 여전히 멀리 있는 것처럼 그래도 있기는 있는 것처럼 화분은 있습니다

앞으로 나란히

허름한 겨울을 기록하는 대신
작은 틈을 내며 살았지 우리는

후회에도 순서가 있어서
한번 두번 세번 다시 한번 두번 세번

오늘 길어진 네 그림자가
어제 내가 그리워한 것에 닿아

다시 나란해지는 서로의 앞

손금

 색을 두고 왔어. 우리가 둘이서 말도 없이 얼굴 마주하며 보았던 빛깔들. 아마 지금은 한살씩 나이를 더 먹었을 거야. 번지는 게 유일한 일이었던, 오방으로 말갛게.

 지금 와서 하는 말이지만 나는 그곳에 어떤 순서가 있다고 믿었어. 왜 살아보면 알잖아. 과원에 드리워진 안개를 걷어내는 아침의 울림과 해변에 적힌 글자를 지우는 밀물의 운율과 끝을 본 사람들의 젖은 목청들. 모두 한 결이었지. 이 잇달음을 맥(脈)이라 부르며 그리며 짚어보며 우리가 놀았던 것이고.

 이곳에서는 흰 것이 검은 것을 만나. 그러고는 순서도 없이 외연을 잃어버려. 선들이 발을 질질 끌고 지나간 자리마다 어제의 마디가 듬성듬성 그려져. 갖춤 없는 빛이 켜지는 것도 바로 이때야.

 한쪽으로 생각을 몰아넣고 전부인 양 살아갈 거야. 기다리지 않을 거야. 마중도 배웅도 없이 들이닥치는 것들 앞에서는 그냥 양손을 펴 보일 거야. 하나 숨기지 않겠다는 뜻이 아니야. 정말 아무것도 없으니까. 그러니 눈을 가까이 대고 목숨이니 사랑이니 재물이니 양명 같은 것들을 하나하나 따라 읽을 필요는 없어. 이제 모두 금이 가고야 만 것들이야.

초승과 초생

초승을 초생이라
적은 잘못이 그리
오래가겠습니까

옳음과 울음
나음과 나섬의 사이가

멀면 또 얼마나
멀어지겠습니까

혹여 탈이 나지 않을까 하는
작은 마음들을 뒤엎고

지우는 대신
죽죽 그어보기도 하는 것입니다

소리 없이
입 모양으로만
따라 부르다보면

중간중간
노랫말을 잊겠지만

그리하여 여음으로만
사이를 채워야 하겠지만

이제 어느 누가
이를 잘못이라 하겠습니까

섬어(譫語)

그해 나의 말은
너에게 닿았습니다

그러니 이제 그 말은
나와 가장 멀어진 셈입니다

세상 끝 등대 5

 봄비 오는데 반기지도 피하지도 않으면서 그때 있었던 일 말이야 하고 입을 열면서 물웅덩이를 보면서 반쯤 숙이고 있던 고개를 돌려 옆얼굴을 스치면서 소매를 끌어 손끝을 덮으면서 내가 말했잖아 생색도 내어가면서 밥때도 아닌 시간에 허기가 진다면서 끝도 아닌데 말끝마다 미안하다 끝내면서 여전히 정말 아무것도 모르면서

소일

해가 지면
책도 그늘이 됩니다

두어장씩
넘겨가며 읽었지만

이야기 속 인물들은
아직 친해지지 않았습니다

그들이 호숫가 마을에
막 도착한 대목에서
책을 덮습니다

귀퉁이를 잇새처럼
좁게 접어둡니다

바람이 크게 일고
별이 오르는 밤이면

우리가 거닐던 숲길도
깊은 속을 내보일 것입니다

우리 없는 곳까지

　우리 다시 만난다면 그곳은 아마 길이겠지 비탈과 경사를 서로 내려두고 서러움과 두려움이 번갈아 적힌 노래를 부르는 일도 잠시 그만두고 걸음을 멈춰 선 다음 갚음이나 앙갚음 없이 웃으며 말하겠지 울지 않으려 흘려보냈던 시간은 그때가 되어서야 사이를 지나가겠지 왼발 오른발 또 왼발 오른발 우리 없는 곳까지

장악

 흰옷을 입은 아이들이 운동장 이곳저곳을 뛰어다닌다 여럿 가운데 한 아이가 유독 구석까지 뛴다 돌아서기 전마다 꼭 한번씩 하늘을 올려다본다

제 2 부

묽어져야 합니다

은거

올해는 비가 잦습니다

서쪽 마을에서 생각보다
오래 머물렀습니다

버린 기억을
테두리처럼 두른 것이

제가 이곳에서
한 일의 전부입니다

끝을 각오하면서도
미어짐을 못 견디던 때였고

온전히 가져본 적 없어
손에 닿는 것이라면

무엇이든 한움큼씩
쥐고 보던 시절이었습니다

틀림없이 나를 향해
다가온다 싶으면

일단 등부터
지고 보는 버릇도
이즘 시작된 것입니다

설령

열까지 다 세고 나면
다시 하나둘 올라야 합니다

설령 높고 험하다 해도
딛고 있는 바닥부터 살펴야 합니다

낮고 천천히 숨을 고른 뒤
걸음을 옮깁니다

다만 이후의 시간에 관해서는
얼마간 생각하지 않기로 합니다

어차피
나의 기억과 나의 망각이
사이좋게 나누어 가질 것들입니다

그러니 지금은 채 닫지 못한 틈으로
새어 나오는 것들만을 적기로 합니다

"우리의 목소리는 가장 좋아하는 노래를 닮아간다" "서리고 어리는 것들과 이마를 맞대며 오후를 보냈다" "흙과 종이와 수선화를 좋아하는 사람을 좋아한 적이 있었다"

물론 당장 하나의 글로
완성할 필요는 없습니다

널리 알려진 것처럼
다가오는 계절의 밤은

세상에서 가장 길며
짙으며 높으며 넓습니다

공터

 다시 찾은 그곳이 초록으로 우거져 있는 것을 보고서야 그동안의 믿음이 깨졌다는 것을 알 수 있었습니다 지우며 헐며 사는 일이 그나마 나을 것이라 생각했던 믿음 말입니다 삶은 너의 너머에 있지 않았고 노래가 되지 못한 것만이 내 몸에 남아 있습니다

마음을 미음처럼

미음을 끓입니다 한 솥 올립니다 회회 저으며 짧게 생각합니다 같이 사는 동안 보여주지 못한 나의 수선이 아른거립니다 이내 다시 되작거립니다 체에 밭쳐둡니다 아시겠지만 진득하게 남는 것은 버려야 합니다 묽어져야 합니다 고개를 파묻습니다 나는 아직 네게 갈 수 없다 합니다

다시 공터

 네가 두고 간 말을 아직 가지고 있어 어디에 쓰는 것인지도 모르는데 내가 어떻게 버릴 수 있었을까 그러니 마냥 넣어두고 다녔지 작은 열쇠처럼 가끔 잘 있나 꺼내보았다가도 이내 다시 깊숙이 넣어두고 혼자 있게 했지

벽

벽을 오래 보는 것은
이제 어려운 일이 아닙니다

오지 않을 거라 말하는 대신
벽에 난 금을 눈으로 따라 그어보고

떠나온 곳을 생각하는 대신
한쪽 구석에 머무릅니다

여기서부터 저쪽까지 보면 무늬이지만
반대에서 시작하면 아무것도 아닙니다

여름 내내 자주 입으며
걸어두었던 윗옷들은
장에 넣어두지 않고

멀리 오는 가을과
더 멀리 오는 겨울
속옷을 대신해 입을 것입니다

소백

 천변을 따라 늘어선 시장을 지나며 신을 하나 샀습니다 갈아 신고 걷습니다 한밤이 되자 초저녁부터 흐렸던 하늘이 갭니다 건너 있는 집에 불빛이 켜진 것도 이때입니다 창문을 조금 열어두고 손과 얼굴을 씻고 물을 끓입니다 날이 밝는 대로 돌아가야 합니다 단단히 짐을 꾸리겠지만 별다른 수 없이 두고 가야 하는 것도 적지 않을 것입니다

아래 흰빛

 유월과 칠월을 지나는 동안에는 쌀을 두컵씩만 씻었습니다 그사이 뜨물 같은 마음도 생겨 아득한 것마다 가까이했습니다 움켜쥐면 적은 듯도 했지만 반듯하게 펴면 이내 부족하지 않았습니다

바람의 언덕

그런 언덕이라면
좋겠습니다

구부러진 길
끝에서도 내다보이는

발보다
눈이 먼저 닿는

중간중간 능소화 얽힌 담벼락 이어져
지나는 사람마다 여름을 약속하는

젖어도 울지 않는

바람도 길을 내어
사람의 뒷말 같은 것이 남지 않는

막 걸음을 배운 어린아이도
허공만을 쥐고 혼자서 오를 수 있는

누군가는 밤으로 기억하고
누군가는 아침으로 기억해서

새벽부터 소란해지는

꿈속의 사랑

 이번에 사준 거 한번 빨아 창가에 널어, 누가 뭐라 해도 빛이 제일이다, 그런데 왜 하필 골라도 흰 것을 골랐을까, 성가실 텐데, 얼룩은 안 지고, 몇번 입으면 헌것 같고, 그래도 구름처럼 참 곱기는 했어, 새로 담근 것은 조금 싱거우니까 부지런히 먹어, 남으면 친구들 불러다 기름 둘러 지져 먹고, 그리고 가끔 네 아버지한테도 기별 좀 해, 나한테 왔다가 들르는 거하고는 또 다른 거야, 서향집이라고 해서 어디 해가 안 드냐, 늦게 들어 탈이지, 그나저나 참으로 멀다 멀어, 한숨 잔다고 생각하면서 가, 눈 뜨고는 아는 길도 멀리 못 가는 법이다, 잘 가, 다음에는 오지 마. 내가 갈게.

높고 높은 하늘이라 말들 하지만

 혼자 사는 사람과 같이 살던 사람과 사람이 그렇게 살면 못쓴다 하던 사람과 죽지 말고 살았어야 하는 사람과 사랑으로 만났어야 했던 사람과 삶을 속인 사람과 살며 마주하지 않았어도 좋았을 사람과 나를 보고 그냥 살라고 했던 사람과 삶에 속은 사람과 천천히 후회하며 살다던 사람과 미안하지만 이제 이렇게는 살지 않겠다던 사람과 같이 살아도 끝내 모를 사람까지 모두 말없이 올려다볼 시월의 가을 하늘입니다

아껴 보는 풍경

 어머니는 꽃을 좋아하지만 좀처럼 구경을 가는 법이 없다 지난봄에는 구례 지나 하동 가자는 말을 흘려보냈고 또 얼마 전에는 코스모스 피어 있는 들판을 둘러보자는 나의 제안을 세상 쓸데없는 일이라 깎아내렸다 어머니의 꽃구경 무용 논리는 이렇다 앞산에 산벚나무와 이팝나무 보이고 집 앞에 살구나무 있고 텃밭 가장자리마다 수선화 작약 해당화 백일홍 그리고 가을이면 길가의 국화도 순리대로 피는데 왜 굳이 꽃을 보러 가느냐는 것이다 만원 한장을 몇 곱절로 여기며 살아온 어머니는 이제 시선까지 절약하는 법을 알게 된 듯하다 세상 아까운 것들마다 아낀다는 것이다

밥상
1988년

그날 아버지는
아무 말도 하지 않고 울었고

어머니는 이제
어떻게 사냐며 울었다

공연히 따라 울고 있는 나에게
누나가 다가와 낮은 목소리로

밥상머리에서는
우는 게 아니라고 말했다

제 3 부

겨울을 지나는 수련처럼

낮달

지난봄
산중에서 만난 낮달이

오늘은 마을까지
내려와주었습니다

내가 오랜 시간
돌봐야 했던 이가

어느 시간에 이르러
나를 돌보아줄 때도

이런 낯빛을
하고 있었습니다

연립

저녁이 되자
수를 놓듯 새들이 날아와

강변의 공원에는
팔을 깃처럼 크게
저으며 걷는 사람들

우리도 웃음을 머금고
저 앞선 이들의 걸음을
따라 걸을 수 있었겠지

―처음 서로에게 맺힌 상이 다른 모양이었다면

저거 금성이지?
아니야 내가 알아
금성이 분명해

철교 위에 말이야
아니 더 위에 하며

몸 쪽으로 팔을 끌어당겼겠지

그러다 이내 놓으며 느꼈을
서늘하고도 아득한 허공

— 일의 시작을 처음부터 알고 있었다면

사위는 어두워지고
이제 그만 가자는 걸음보다
느리게 떼는 시선

그러다 느티나무 앞에
이르러서는 서로를 등지고
나무에 기대 몸을 탕탕 부딪었겠지

— 차라리 그 끝을 알지 못했다면

멀지 않은 곳에
작은 집도 하나 있어서

철문을 밀고
난간을 잡지도 않은 채
한번에 두개씩 계단을 올랐겠지

  ——우리가 마지막으로 그렸던 상이 서로 같은 모양이었
다면

동네

  모르는 동네에서 이발을 한다 먼저 온 사람이 거울 앞에 앉아 있다 조금 기다려줄 수 있냐고 주인이 물었고 나는 고개를 끄덕이며 작게 웃어 보였다 잘린 빛들이 바닥을 구르는 오후에 몸을 기댄다 이 동네 사람이냐는 말을 듣고서는 근처에 산다고 답을 했다 이제 스스로 떠나온 곳을 멀다 말하지 않기로 한다

경기도 파주시 파평면 397-1

바람이 그 집
문을 엽니다

다시

바람이 그 집
문을 닫습니다

능곡빌라 3

지호는 어젯밤
태어나 처음으로
혼자 잠을 잤습니다

하지만 수학여행에서
돌아온 지훈이를 보고도
크게 반기지 않았습니다

사실 한순간도
곁을 떠난 적이
없기 때문입니다

쪽

 눈앞에 있는 것이 세상 전부처럼 여겨지는 시간을 다시 보내고 있습니다 빛은 멀리서도 고개를 넘나들지만 한번 맺힌 상을 지워내기가 쉽지 않습니다 응시도 미루고 외면도 거두어들이면서 헤매기만 합니다 와중 품고 있는 바람도 하나 있습니다 속절없이 맞닥뜨리고 있는 것과 애를 쓰며 다시 마주하고자 하는 것의 사이가 이참에 아주 멀어지기를 영영 아득해져서는 삶의 어느 장면에서도 한데 놓이는 일이 없기를 일단 그때까지는 한쪽의 시간을 두텁게 쌓고 볼 것입니다

잔치

쉽게 오지는 마

진종일 누웠다 일어나
다시 벽에 기대앉는 것처럼

앓는 소리도 좀 하고
울상도 지으면서

숱하게 긋고 저었던
글자도 데리고 와

가늠과는 멀고
배움은 스스로 버리고
수치는 모르는 사람들이
아직 우리를 쫓고 있잖아

그러니 한껏 걸음을 어지르며 와
날에 풀을 발라 날을 붙이고
다시 자루를 이어 그러쥐고

살기가 온기였는지
온기가 살기였는지

묻은 것 없고 묻어날 것도 없이
다짐하지 않아도 되는 생각으로
새벽을 처음 가르는 눈처럼

다시 올 거라면
너는 그렇게 와

도화

볕 아래 나와 앉아
바탕을 칠한다

밝은색부터
겹쳐 그리는 너든

어두운 것이라면
먼저 대고 보는 나든

숨 하나만을
그으며 여기까지 왔으니

이제 우리는
점점 뭉툭해지는
서로를 견뎌야 한다

수련

머물던 도시와 접해 있었지만
천에 수련이 널려 있다는 그곳을 끝내 찾지 못했습니다

한번은 가겠다 말하면서도
지도만 짚어본 탓이었습니다

까닭에 지명만은
후일에도 기억될 것입니다

더 오랜 시간이 흐른 어느 날에는
겨울을 지나는 수련처럼
뿌리만이 흐릿하게 기억에 남아

우리가 다녀온 곳이라고
그림보다 더 그림 같았다고
눈길로 지도를 훑어볼 것입니다

새로운 버릇

방문을 안에서
잠그고 나왔다

두고 와야지
마음먹었던 것을

깜빡 잊고 가방에
다시 담아 왔다

바닥

삶이 굽어질 때
바닥은 아래 있기는커녕
위에

고성(高聲)보다
딛는 높이보다

아무것도
그 위에

제 4 부

일요일 일요일 밤에

눈

연안에 내리는 눈들은 좋겠다
내리자마자 바다가 되니까

마을에 내리는 눈들은 좋겠다
내리자마자 사람이 되니까

골짝에 내리는 눈들은 좋겠다
산그늘을 덮고 봄을 볼 수 있으니까

인사

 그래도 사위 될 사람 앞에서는 당당해야지 솔직히 말해서 자기가 일부러 곁에 안 둔 것도 아닌데 뭘 그렇게 죄지은 사람처럼 굴어 인사가 어렵기는 뭐가 어려워 인사가 별것인가 안 다음에 녕 다음에 하 다음에 세 다음에 요 하고 그러고 나서 한번 웃으면 되지 그래도 수지가 속이 참 깊네 내 딸 삼고 싶다 그러지 말고 아예 엄마가 한명 더 있다고 나한테도 인사 오라 그래

일요일 일요일 밤에

일신병원 장례식장에 정차합니까 하고 물으며 버스에 탄 사람이 자리에 앉았다가 운전석으로 가서는 서울로 나가는 막차가 언제 있습니까 묻는다 자리로 돌아와 한참 창밖을 보다가 다시 운전석으로 가서 내일 첫차는 언제 있습니까 하고 묻는다

낮의 말

 희창아 너 이제 경상도 사투리 쓰냐 아 너 고향이 마산이라고? 마산 멀지 마산 좋지 몰랐지 나는 매일 만날 때는 네가 하는 말만 듣지 말투까지 듣냐 나 얼마 전에 고성에 갔다 왔어 우리 같이 먹고 자고 하던 민박식당 주인 내외가 여전하시더라고 왜 남자 사장님이 음식마다 무를 넣었잖아 무엇이든 무가 들어가야 시원하다고 할 말은 뭐 내가 할 말이 있냐 그냥 고마웠으니까 고맙다고 했지 어제 고마운 일은 오늘도 고마운 거잖냐 나도 매일 똑같이 살지 응응 이만 줄이자 들어가라 고맙다 희창아

밤의 말

희창아 너 이제 경상도 사투리 쓰냐

형 나 고향이 마산이잖아 늘 이 말투였지 갑자기 왜 그래

내가 그동안 네가 하는 말만 귀담아들었지 언제 말투까지 들었냐

그게 무슨 말이야 그리고 형 우리 다음에는 다른 데서 좀 만나 어째 만날 장례식장에서만 보냐 한번 파주 그 집에 가서 어죽 먹어도 좋고

우리가 파주에서 어죽을 먹은 적이 있어?

아이 이 형 오늘따라 무섭게 자꾸 왜 그러냐 형이 나 처음 데리고 갔잖아 그리고 아까 내가 저쪽에서 말한 거 들었어 못 들었어?

들었지

그런데 왜 답을 안 했어?

네가 너무 멀리 있으니까 답을 해도 안 들릴 것 같아서 안 했지

그래서 그 자식한테 사과는 받았다고?

아까 잠깐 마주쳤는데 미안하다 그러더라고

아이 개도 참 개다 그러게 그때 말을 하지 왜 이제 이야기를 하냐

뭐 어떠냐 그때 이야기 안 했으니까 이제 하는 거지 너도 할 말 있으면 지금 해

에이 나는 그동안 형한테 할 말 못할 말 다 하고 살았지

그래 맞아 내가 네 말이라면 다 듣고 살았다니까

만약에

멀쩡한 승용차를 집에 두고 왜 새벽 열차를 기다리고 버스로 환승까지 하며 출근하는 것인지 아버지에게 물은 적이 있다 대중교통을 타면 오래 만나지 못한 이와 우연히 마주칠 것만 같다고 아버지가 답했다 만약에 그런 일이 실제로 생긴다면 참 반갑지 않겠냐고 아버지가 되물었다

상

아니 글쎄 그 먹는 거 좋아하는 사람이 나무젓가락만 쪼개놓고 그냥 갔다라니까. 무침이랑 편육이랑 동그랑땡에 손도 안 대고 진미채랑 땅콩이랑 절편도 그대로야. 아니지, 진작에 바짝 말라서 치우고 다시 상을 본 거지. 나는 처음에 통화하러 갔나보다 했어. 그런데 아무리 지나도 안 오더라. 그래서 내가 전화를 걸어봤거든. 그런데 안 받아. 통화음은 가는데 안 받아. 기다리다 못해 상을 치우려는데 생수 뚜껑이 열려 있더라고. 어쨌든 손님 많이 몰려도 일단 저 빈자리는 비워놔. 알았지? 혹시 형이 다시 올 수도 있잖아. 솔직히 말해서 형이 누나를 얼마나 좋아했냐. 누나는 늘 형을 가엾어 했고. 나 눈 좀 붙일게.

블랙리스트

 몇해 전 아버지는 자신의 장례에 절대 부르지 말아야 할 지인의 목록을 미리 적어 나에게 건넨 일이 있었다 금기형, 박상대, 박상미, 신천식, 샘말 아저씨, 이상봉, 이희창, 양상근, 전경선, 제니네 엄마, 제니네 아빠, 채정근. 몇은 일가였고 다른 몇은 내가 얼굴만 알거나 성함만 들어본 분이었다 "네가 언제 아버지 뜻을 다 따르고 살았니?"라는 상미 고모 말에 용기를 얻어 지난봄 있었던 아버지의 장례 때 나는 모두에게 부고를 알렸다 빈소 입구에서부터 울음을 터뜨리며 방명록을 쓰던 이들의 이름이 대부분 그 목록에 적혀 있었다

귀로

듣고 싶은 답을
떠올리며 내가 물었다

생각대로 당신은
내가 바라던 답을 들려주었다

하나의 답을 정한 것은 나였고
무수한 답을 아는 것은 당신이었다

원망은 매번
멀리까지 나아갔다가
다시 되돌아온다

동강

산 아래
하나뿐인
길

안개와 빛이
번갈아 지날 때

길은
있다가도 없고
없다가도 있지

가는 사람은
없다가도 있지

오는 사람은
영영 없지

가나다라

나는 서른해 만에 가를 잃었고
라는 삼십일 만에 다 잃었다

라에게는 알지 못해 물을 수 없는 일이 있고
나에게는 선명함에 답하지 못하는 시간이 많다

극

 나는 너를 빛으로 세웠고 너는 나를 그늘로 세웠지 겹을 떼어내고 주름을 이으며 적요를 장단처럼 맞춰가며 장대 같은 숨을 내뱉었지 그때 우리는 무엇을 막으려 했던 것일까 왜 세상을 흔히 보았던 것일까 닿은 것을 밀어내기만 했을까 어스름이 끝나기도 전에 자리를 바꿔 앉아 다시 나는 너를 그늘로 세웠고 너는 나를 빛으로 세웠지

소인

 서른해쯤 전 봄날의 당신에게 편지를 보낼 수 있다면 긴 글은 필요 없겠지 대신 목련처럼 희고 두꺼운 종이를 반으로 접어 지나간 햇수만큼 만원짜리 지폐를 넣어두면 되겠지 겉면에는 당신 하라고 그냥 당신 하라고만 적고 말겠지

오월

오월의 너는 마음과 씨름을 하는 사람이다

오월의 너는 목이 간지러운 사람이다

오월의 너는 옷의 주머니를 꺼내보는 사람이다

오월의 너는 한낮에도 꿈을 헤매는 사람이다

오월의 너는 다시 눈부터 움직이는 사람이다

오월의 너는 넘어졌다가 꽃잎을 털며 일어나는 사람이다

오월의 너는 아침 공부를 마치고 새소리를 듣는 사람이다

팔월

너는 팔월에도 없는 사람이다

산문

생일과 기일이 너무 가깝다

 진주. 선배를 만났다. 나는 그의 눈을 똑바로 보지 못한다. 바람 냄새가 조금 덜해졌고 비교적 따뜻해 보이는 겉옷을 입고 있었다. 마음이 놓였다. 닭칼국수를 먹었다. 전에 충무로에서 자주 만나 먹던 음식이다. 그때는 육수에 간을 하지 않고 먹었다. 주로 늦은 여름의 일이었고 간혹 겨울인 적도 있었으나 이제 하나같이 오래된 시간이다.

 삼례. 무궁화호를 탄다. 구례구역까지 가야 한다. 창밖 이층 양옥에는 부지런한 주인이 산다. 그가 흰옷을 좋아하기 때문이다. 한참을 이어지는 수로와 고랑과 이랑. 오월쯤 되어야 밤나무로 보이기 시작할 저 낮은 산의 음영들.

 구미. 감기가 머무르다 갔다. 미열은 오랜만이라 잠시 반갑기도 하다. 마음은 아프고 몸은 불편하고 정신은 멀쩡하다. 마음과 정신을 나누는 것은 엊저녁에 친구가 전화로 일러주었다. 새삼스러운 말이었지만 나는 웃었다.

제천. 이곳을 지나기 전에는 어디를 지나야 했을까. 나를 지난날로 만드는 시간이 있었듯 너를 앞날로 만드는 시간도 있다. 그렇다면 시간은 우리를 어디에 흘리고 온 것일까. 분명한 일은 사람에게 못할 짓을 내가 하고 있다는 것이다.

제주. 도착하던 날의 바람은 어디 멀리 가지 않고 떠나는 날까지 우리를 기다리고 있었다. 진심을 마주하는 상대의 손길과 그에게는 내가 진심처럼 보일 수도 있겠다는 불길과 좀처럼 투명해지지 않는 눈길. 산간 도로는 오늘도 열리지 않았다.

벽제. 이미 알고 있는 것들의 힘은 세다. 다시 장례를 치른다. 생일과 기일이 너무 가깝다. 그간의 일을 삼일 만에 떠나보내고 세상을 끝낸 풍경의 상가. 조등 하나 걸지 않았다. 내가 모르는 것들의 힘은 더 세다. 죽음이 이야기하는 삶은 한결같지만 삶이 이야기하는 죽음은 매번 다르다.

창원. 나아갈 수 있을 거라는 기대와 달리 이내 제자리로 돌아온다. 아니 돌아오지 못하고 길을 잃는다. 앉아서 생각하면 서서 분하고 누워 뒤적이면 꿈으로 모인다. 다시 눈을 뜨면 세상은 어느새 등 뒤에 있고 나는 발아래 있어 한참을 더 헤맨다.

평창. 여전히 반대로 비추는 형상이 나에게는 있다. 웃을 때마다 입을 가린다. 울 때는 두 손을 얼굴로 가져간다. 낮은 것들을 높이고 침묵을 소란으로 바꾼다. 오기도 기운이라 생각한다. 모르는 것을 모른다고 이야기하고 아는 것도 모른다고 이야기해야 한다. 끝에서 가장 먼 것은 시작이 아니라 이제 정말 끝이라고 처음 생각했던 순간이다.

여수. 한 무리의 사내들이 식당으로 들어왔다. 이곳 사람들은 종종 '잎'이라 '이파리'라 부르는 대신 '잎새'라 한다.

사내 중 한명이 꼭 그렇게 말했다. "잎새 하나요. 그리고 우리 반찬은 필요 없어요. 김치만 줘요."

 영주. 저편을 넘어온 이와 이편을 지나온 이가 이곳에서 만난다. 저편의 이는 남겨지는 일에 대해 말하지 않고 이편의 이는 떠남에 관해 말하지 않는다. 잠시 멈춰 서서 짧아지는 서로의 그림자를 가만 살필 뿐 이제 저편의 이가 이편을 지나고 이편의 이는 저편을 넘어야 한다. 몇번씩 뒤를 보기도 하겠으나 아주 돌아서는 일은 없을 것이다.

 동해. 요즘은 새로 생각하는 것만을 적는다. 사실 그곳에서 너와 함께 보낸 일들이 잘 기억나지 않는 탓이다. 과거가 흐려질수록 우리는 잘 살 수 있겠지.

 함양. 숲 한가운데 공터가 있다. 군음식을 조금 사서 오겠다던 친구는 아직 돌아오지 않았다 그사이 기다란 빛이 떠

났고 드리워졌던 그늘도 덜미를 잡혔다. 무엇이 더 있을까 마는 한편으로는 없을 것도 더는 없다고 생각한다. 방에 불을 넣을 시간이다.

  인천. 자다 말고 일어나 앉아 들고 나는 것을 참으며 한쪽 귀를 가져다 대고 연한 숨소리를 듣는다.

  대구. '빗소리가 요란하다'라는 문장을 쓰면서 시작한다. 반쯤 걸쳐진 빛을 언제쯤 직시할 수 있을까. 비 오고 바람 부는데 나는 낯선 길에서 누군가와 눈인사나 하고 싶어한다.

  서산. 저녁이 밤이 되는 일을 지켜보고 있다. 이것만으로 하루가 충분해질 때가 있다. 시간은 가기도 잘도 간다. 정해진 방향이 없어 가끔 뒷걸음을 한다. 만약 그날을 기점으로 다시 살아내야 한다면 지금과 꼭 같이 하지는 못할 것이다.

하동. 섬진은 작은 티끌이었다가 두꺼비가 모이는 나루다. 차고 기운다. 백주에 들었던 너의 말들은 사실 언젠가 내가 먼저 전하고 싶었던 말이기도 하다. 천천히 강물을 거슬러 올라가 산그늘의 무늬를 본다.

김해. 마중은 기다림을 먼저 끝내기 위해 하는 것이고 배웅은 기다림을 이르게 시작하기 위해 하는 것이다. 덕분에 우리가 마주하는 순간과 돌아서는 순간이 엇비슷해진다. 그런데 우리 이렇게 계속 모르는 사람처럼 살아도 될까?

군산. 지주가 된 기분과 빚쟁이가 된 기분이 번갈아든다. 귓병이 나서 시내 이비인후과를 찾아갔다. 목이 아픈 이와 코가 막힌 이가 먼저 병원에 앉아 있었다. 그에게는 연락하지 않았다. 희롱하는 시간과 희롱에 놓인 시간. 아랑곳하지 않는 아름다운 눈들. 겨울이다.

| 해설 |

미안한 사람의 손에는
세상의 끝을 향한 약도가 쥐어 있네

송종원

당신과 동안거(同安居)

박준의 시가 많은 독자의 사랑을 받을 수 있었던 데에는 '당신'과 '편지'의 힘이 한몫을 했다고 생각한다. 첫 시집 『당신의 이름을 지어다 며칠은 먹었다』(문학동네 2012)의 제목처럼 박준의 시는 유독 '당신'을 불러오는 일이 잦았다. 이는 지금의 언어적 관습으로 보자면 낯선 일일뿐더러 세상에 내재한 어떤 높이를 불러오는 일이었다. 따라서 이 호명은 독자들에게 신선한 친밀감뿐 아니라 공경과 두려움이라는 경외심을 전달했으리라. 당신 그리고 편지, 이 둘은 별개의 문제가 아니다. 박준은 늘 '나'를 말하는 자리에 자신을 두기보다는 '나'의 말을 나누는, 혹은 '나'에게 말을 주는 누군가의 자리를 빚어내는 일에 더 많이 애를 쓴 사람이기도 했다. 가령 그의 두번째 시집 『우리가 함께 장마를 볼 수도 있겠습니다』(문학과지성사 2018)의 「아,」를 떠올려도 좋다. 큰 산으로부터 말을 건네받아 특유한 말투를 배우게 된 사람의 이야기를 그린 이 시는 박준의 시세계에서 '당신'이 애정 어린 2인칭의 자리이면서 동시에 그 인칭을 넘어서는 커다란 존재의 그림자까지도 내포한다는 사실을 알려준다. 게다가 이는 '당신'과 '미인'의 결합이 만들어낸 화학작용 속에서 박준의 시를 낡은 연애풍의 서정시로 읽게 하는 착시에 대해서도 다시 생각하게끔 한다.

박준의 '당신'은 존재의 높은 이름이다. 하나 인간보다 절대적으로 높은 존재의 이름은 아니다. 그보다는 사람 안에 내재한 하늘과 같은 성격의 암시로 읽을 만하다. 박준의 시에 등장하는 평범하고 소박한 사람들이 '당신'이고 '미인'이다. 그들의 소박하고 진실한 언어는 시인을 배움으로 이끄는 것은 물론 사람 안의 하늘을 경험하게 해준다. 그래서 그들은 평범하면서도 높은 사람이고, 낮은 자리에서도 아름다운 사람이다. 그들이 진정한 민(民)이다. 나는 박준이 '아름다운 사람'과 저 '민(民)'의 의미를 더해 '미인'을 만들었을 거라고 추측한다. 박준의 시를 '사랑'이라는 모호한 단어와 굳이 결합하여 말한다면 그는 진실한 사람들을 사랑하는 시인이라고 할 수 있겠다. 그러나 시인이 사랑하는 사람과 시인이 동질적 존재라고 말하기는 힘들다. 이를 주저 없이 말할 수 있는 이유는 당신과의 미묘한 어긋남이 박준의 시에는 늘 생생하게 살아 있기 때문이다. 해서 박준의 시에서 당신의 자리는 '나'를 비추는 거울의 역할에서 벗어나 '나'에게 세상을 경험하고 배우도록 한다. 후반의 이야기를 좀 당겨 말하면 시인이 그린 '당신'은 '나'를 세상의 경계까지 가볼 수 있게 도와주는 존재이기도 하다.

한없이 다정하게 다가올 것 같은 그의 말에 때때로 독거와 은거의 시간이 새겨져 있었음도 우리는 기억한다. 이 또한 독자들에게 묘한 끌림을 주었을 것이다. 그는 종종 철원과 태백 혹은 통영의 섬 자락 같은 외진 곳, 이번 시집에서는 서해 마을이나 도시의 주변부로 자신을 몰아가 거기에서 지낸 시간들을 시로 썼다. 그 장소들은 시인에게 배움터가 되어주었다. 그가 머무는 장소마다 소박함에 가려진, 높이를 지닌 사람들의 언어와 삶이 있기 때문이다. 두번째 시집에 실린 「목욕탕 가는 길」을 통해 세상의 바깥으로 향한 시의 행적의 의미를 더할 수도 있다. 거기에는 불교에서 말하는 동안거(冬安居)의 시간이 새겨져 있다. 박준에게 외지와 주변부로의 발걸음은 동안거 같은 시간이기도 하다. 그 작품들에는 우리가 도시의 자극에서 이탈해, 흥분을 가라앉힌 상태에서 자신을 마주하는 시간이 기록되어 있다. 내가 물든 생각이나 나도 모르게 품은 욕망 같은 것들이 어떤 거대한 침묵 속에서 소멸하는 사이 아름다운 민(民)의 언어를 새로 배우는 과정은 자신을 투명하게 돌보는 시간이 되어 적

잖이 우리를 위로한다. 그리고 그곳에서 시인은 서간체 형식의 시를 쓴다. 박준의 동안거(冬安居)는, 결과적으로 시인이 발견한 언어와 독자를 동안거(同安居)하게 만들었을지도 모르겠다. 첫 시집 발문에서 허수경 시인이 "어둠/병(病) 속에 박준은 혼자 있지 않다. 누군가와 동거한다"라고 적은 이유도 여기에 있을 듯하다. 동안거했다고 해서 우리가 도통한 존재가 되는 일은 없다. 대신 박준 시의 언어와 동안거하는 우리는 세상살이에 미숙한 존재가 되어 세상 속으로 더듬더듬 나아가게 된다. 이 말은 마치 우리가 그의 시를 읽고 거듭 산다는 것처럼 들리기도 한다. 과연? 시 안으로 더 들어가보도록 하자.

미안함 혹은 거룩함이여

불을 피우기
미안한 저녁이
삼월에는 있다

겨울 무를 꺼내
그릇 하나에는
어슷하게 썰어 담고

다른 그릇에는
채를 썰어
고춧가루와 식초를 조금 뿌렸다

밥상에는
다른 반찬인 양
올릴 것이다

내가 아직 세상을
좋아하는 데에는

우리의 끝이 언제나
한 그루의 나무와
함께한다는 것에 있다

밀어도 열리고
당겨도 열리는 문이
늘 반갑다

저녁밥을 남겨
새벽으로 보낸다

멀리 자라고 있을

나의 나무에게도
살가운 마음을 보낸다

한결같이 연하고 수수한 나무에게
삼월도 따듯한 기운을 전해주었으면 한다
　—「삼월의 나무」(『우리가 함께 장마를 볼 수도 있겠습니다』)
　　　　　　　　　　　　　　　　　　전문

　이번 시집을 읽기 전에 징검다리 삼아 두번째 시집의 시 한편을 우선 읽자. 표현들을 복잡하지 않게 쓰기 때문에 독해가 쉬울 듯하지만 해석을 하다보면 박준의 시에는 묘하게도 쉽게 파악하기 힘든 구석이 종종 있다. 저 '불을 피우기 미안하다'라는 말은, 삼월의 날씨에는 불을 피우기가 민망하다는 의미 정도일 텐데 이 시에서는 자구(字句)의 의미 그대로 미안함을 표하는 사과처럼 읽힌다. 누구를 향한 사과일까. 불을 피우지 못하는 누군가를 위한 미안함일까, 불을 피우기 위해 태워야만 하는 나무를 향한 것일까. 사실 세상에는 특정한 대상으로 수렴되지 않는 미안함이라는 게 있다. 자신의 책임을 한정하려는 사람에게는 미안함의 범위와 내용이 분명할 테지만 세상의 모든 존재와 연결감을 지니는 주체라면 미안함을 특정 사건과 대상으로 한정하는 일에 큰 관심을 두지 않을 수도 있다. 어쩌면 시인은 미안함이라는 일상적 표현의 묘한 여운에서 시쓰기를 시작해 저 대상 없는 미안함의 심정을 골똘히 생각하는 길에 접어들어 결국에는 정체가 한정되지 않는 누군가를 위한 밥상을 차리는 장면까지 나아간 것인지도 모르겠다. 게다가 어떤 면에서 세상에 미안한 것들이 많은 사람이 바로 시인이라는 생각도 든다(첫 시집의 '미인'은 화자의 미안한 마음이 집중된 한 사람이라는 의미도 깃들어 있을 법하다).

세상 모든 존재의 안위를 염려하는 마음, 나에게 집중된 마음을 풀어내어 세상 끝 생명에게까지 힘을 보내는 자세 같은 것들, 내포하는 바가 너무 협소해져 '사랑'이라는 말로 담기 힘든 어떤 마음 등등. 박준의 시는 그런 것들을 기록하려 한다. 혐오와 불안 탓에 차분하게 무언가를 들여다보기 힘든 시대에 이 정감들은 어딘가 거룩하다. 미안함을 말하는 순간 가해자임을 시인하는 일이 될까 봐 사과를 자제하라고 가르치는 시대라는 풍문까지 떠올리면 박준이 그리는 미안함에서 거룩함을 읽는 것은 과장이 아니다.

그렇다면 긍정적 의미에서 시대착오적인 저 감수성이 어떻게 발생했을까. 미안함과 더불어 시에 쓰인 감정은 좋아함이다. 세상을 좋아하는 사람이기에 세상 많은 것에게 미안하다는 말은 충분히 공감할 만하다. 좋아하는 마음은 반가움으로 이어지고, 반가움은 살가움과 한결같은 따뜻함으로 연결된다. 이러한 마음의 흐름이 가능한 바탕에는 세상에 대한 튼튼한 믿음이 터를 잡고 있다. 세상 끝에 이르러도 혼자가 아니라 나에게 온기를 주는 무언가가 함께한다는 믿음, 그 믿음이 어떤 방향으로 힘을 가하건 자연스럽게 열리는 자애로운 문에 대한 형상까지 불러왔을지도 모른다. 세상은 세상을 믿는 사람에게만 배움의 터를 제공하는 법이다. 자신의 미숙함을 깊이 알고 배움에 개방적인 시인은 세상 곳곳에서 자연스럽게 수행자가 된다.

가령 두번째 시집의 「메밀국수」에서 지역 어른들이 티 내지 않는 다정한 말로 타지에서 온 청년에게 밥은 잘 챙겨 먹는지 물으며 "저녁은 저녁밥 먹으라고 있는 거지"라는 말을 건넬 때 거기에는 오랜 보살핌의 감각이 작동하는 세계의 모습이 어른거린다. 첫 시집의 「꼬마」를 떠올려봐도 좋겠다. 이 시에는 사람들의 눈빛을 머금고 성장한 아이의 이야기가 전개된다. 시의 마지막에 언덕과 하늘을 올려다보는 시선을 그린 대목은 그 높이 또는 세상의 깊이가 꼬마 아이의 내면에 서서히 자리함을 암시하는 동시에 높은 곳에서 세상의 빈자리를 자애롭게 보살피는 어떤 존재에 대한 믿음을 불러오기도 한다.

세계가 변하고, 심지어 망가져도 어디선가 세계를 지속시키는 운동성은 이번 시집에서도 찾아볼 수 있다. 「동네」에는 인간의 말 속에 담긴 근원적 친밀감과 온기가 담겨 있고, 「아껴 보는 풍경」에는 사치스러움과 거리를 둔 어머니의 건강한 미감이 그려져 있다. 「상」은 인간이 감추고 감추어도 결국에는 자연스럽게 들킬 수밖에 없는 애심(愛心)을 펼쳐놓아 선한 사람의 마음을 믿게 해준다. 그런데 한편으로 이번 시집 『마중도 배웅도 없이』에는 어떤 결락이 발생한 세계의 메마름 쪽으로 시인의 시선이 맺혀 있다. 유독 자주 등장하는 '흰색의 빛'은 기운을 잃은 세상의 창백함을 말하는 듯하고, 시에 쓰인 '바다'들은 모두 깊이를 헤아릴 수 없는 심연이 되어 온전한 디딜 곳에서 벗어나 보인다. 이제부터는 그가 넘어야 할 흰빛의 무한한 고개와 노래로 부르기 힘든 세상의 곡절에 대한 이야기이다. 박준의 세번째 시집을 펼쳐보자.

멀리 또 멀리, 끝끝내 없고 또 없음으로

나의 슬픔은 나무 밑에 있고
나의 미안은 호숫가에 있고
나의 잘못은 비탈길에 있다

나는 나무 밑에서 미안해하고
나는 호숫가에서 뉘우치며
나는 비탈에서 슬퍼한다

이르게 찾아오는 것은
한결같이 늦은 일이 된다

　　　　　　　　　　　　　　—「지각」 전문

슬픔과 미안 그리고 잘못에 대한 뒤늦은 뉘우침의 감정 진술에 집중하면 이번 시집의 서시는 참회의 언어처럼 보인다. 또 누군가는 자연의 풍광과 자신의 감정을 적당히 섞은 서정시로 읽을 수도 있겠다. 그런데 그런 방식의 읽기는 '나'에 대한 지독한 관념에 사로잡힌 독해일 수도 있다. 무슨 말인가. 이 시는 말 그대로 '나'라는 주체성과 세상에 대해 달리 생각하는 시인의 지각(知覺)을 다룬다. '나'의 슬픔, 미안, 잘못은 주어를 가장하고 있지만 시인이 보기에 그것들은 주인이 아니다. 왜냐하면 '나'의 자리는 이 세상에 생긴 맨 처음 자리가 아니라 뒤늦게 생긴 자리이기 때문이다. 이 시에서는 '나'로부터 세상이 시작되는 것이 아니라 '나'가 세상에 뒤늦게 온 존재라는 인식에 주목해야 한다.

 시구를 자세히 들여다봐도 그렇다. 짧은 길이에 이만큼 '나'가 많이 나오는 시도 드물다. 벌주듯이 나를 세워놓은 이 시의 모습은 어딘가 낯설다. 시의 제목이나 내용이 어떤 뒤늦음을 말하고 있거니와, 「가나다라」라는 시의 제목을 떠올려보면 저 '나'는 순서적 맥락에서 두번째를 의미하는 '나'를 내포한다고 읽을 만도 하다. 그러므로 이 '나'는 '나〔我〕'이면서 동시에 맨 처음이 아니라는 의미〔次〕의 '나'까지도 거느린다. 그러고 보면 시의 1연은 2연 뒤에 오는 시간이자 사태로 읽힌다. 적힌 것처럼, 이른 것이 실은 늦은 것이다. 가령 슬픔 때문에 미안해한다는 말보다 미안을 전하는 일 속에서 슬픔이 빚어진다고 보는 게 자연스럽다. 비슷한 논리는 부모와 아이 사이에도 적용된다. 부모는 아이보다 먼저 이 세상에 태어나지만 아이가 태어나고 부모로서의 행위를 빚어야 비로소 부모가 된다. 태어나자마자 무언가가 되는 일이 인간 세계에서 아이일 때만 일어날까. 진정한 자아 찾기보다는 배움과 더불어 새롭게 거듭나는 생성의 과정에 늘 세심한 관심을 보여온 박준의 시세계에서 이러한 인식은 새롭지 않을 수도 있다. 하지만 항상 뒤늦게 무언가가 될 수밖에 없는 인간의 운명을 넘어서 한참을 뒤늦게까지 오랫동안 애써도 무언가가 될 수 없다는 막막함이 이번 시집에서 '흰빛'으로 떠도는 사태를 감지한다면 저 서시는 멀고 먼 길을 가는 시인에게 중요한 이정표가 되어주었을 것도 같다.

　작년에 화분에 심어둔
　수국이 얼어가고 있었다.
　내가 얼어가는 동안
　수국도 얼 거라는 걸
　우리가 같은 계절을 산다는 걸
　왜 모른 척했던가.

　수국은 나보다 먼저 갈 것이다.
　소리 없이

불평 없이

그리고
나를 기억하지 못할 것이다.
나 역시 언젠간 너를.
——허수경 『나는 발굴지에 있었다』(난다 2018),
'개정판 작가의 말' 부분

  여름 오는데 싹은 나지 않고 여름 지나도 기색 없었지만 화분은 빛과 그늘과 바람과 비를 맞이하는 화분으로 있습니다 어려서 살던 집 마당에 있던 부른다고 해서 오는 법은 없었지만 부르지 않아도 어디 가지 않던 큰 개처럼 말입니다 돋은 적 없어 떨어진 적 없고 핀 적 없어 시들지 않습니다 겨울이 겨울로 가는 것처럼 아무것도 없는 시간이 아무것도 없이 오는 것처럼 마른기침처럼 아니면 멀리 있는 이가 여전히 멀리 있는 것처럼 그래도 있기는 있는 것처럼 화분은 있습니다
——「오월에는 잎이 오를 거라 했습니다 (…)」 전문

  선명한 이해를 위해 화분이 등장하는 시 두편을 같이 읽어보자. 허수경의 화분은 시인이 투병하던 시기의 기록이다. 시인은 자신이 아팠을 때 같이 아팠던 생명을 뒤늦게 발견하는 시선을 그리며 어딘가 애잔한 분위기를 연출하지만

이내 슬프고 냉정한 결론에 이른다. 이 글은 죽음 앞에서는 결국 철저히 혼자라고 말하는 자가 홀로 떠나가는 일을 예감하고 있어 아프게 다가온다. 절대 고독의 자리가 거기 있다. 또한 '혼자 가는 먼 집'이라는 허수경의 시집 제목이 다시 떠오르기도 한다(허수경의 시와 박준의 시는 만날 때가 많다. 허수경의 시집에 실린 「공터의 사랑」을 기억하는 사람이라면 박준의 이번 시집에 「공터」를 이어서 읽어볼 만하다). 반면 박준의 시는 같은 계절을 지나지만 그 계절 속에서 이미 만남이 이뤄지기 불가능한 어떤 빈자리를 읊조린다. 허수경의 고독과는 그 질감이 조금 다르다. 주로 제목을 짧은 명명으로 붙이는 시인이 마치 시구처럼 긴 제목을 붙인 것은 어떻게 읽어야 할까. 아마 명명이 어려운 어떤 상황에 처해 찾아낸 궁여지책일 가능성이 없지 않다. 명명이란 명명하는 자와의 분리를 뜻하기도 하므로 어쩌면 저 긴 제목은 이름 붙이기 곤란한 상황과, 나와 분리되기 어려운 무언가를 암시하고 있을지 모른다.

  화분에 있을 만한 식물 혹은 화분에 찾아온다던 그 생명의 부재에 대해서도 말해보자. 박준이 형상화하는 세상의 자리는, '계절'을 자주 불러내는 그의 언어가 보여주듯, 시간이 축적되는 자리이며, 소유를 주장할 만한 분명한 주인이 있는 자리와는 거리가 있다. 그러므로 잎도 없고 꽃도 없지만 그 자리 역시 그곳에 오가는 "빛과 그늘과 바람과 비"를 지니고 있지 않느냐고 물을 수 있다. 하지만 이 정도 발견에서 그친다면 어딘가 맥이 빠지기도 한다. '빈자리가 결국 빈자리가 아니다'라는 말은 생각으로도 충분히 가닿을 수 있는 세계이다. 하나 빈자리를 빈자리 자체로 두고 온전히 받아들이는 일은 어렵다. 몸을 지녀 '있음'의 자리에 있는 내가 철저한 '없음'을 감지하는 난국이 이 시는 물론 시집 전체에서 중요한 문제이다. 「손금」에서 시인이 적어둔 구절, "정말 아무것도 없으니까"라는 말이 시집의 배음(背音)이라는 뜻이다. 시인은 저 없음을 끝까지 철저한 없음으로 이어나가려 한다. 마치 다른 용도로 그것을 사용하면 안 된다는 듯이, 또는 자신을 단단히 벌주려는 듯이 말이다.

 살아가는 일은 나와 분리될 수 없는 누군가의 상실을 자신의 몸 안에 새겨 넣는 일인지도 모른다. 그 공백을 품은 나의 몸은 그래서 '멀리'라는 감각을 비로소 배운다. 아니, 이때 '멀리'는 감각도 생각도 아니라 어떤 근원적 어긋남이며, 살아 있는 사람의 언어만으로는 풀기 힘든 생명의 조건과도 같다. 배움도 배움이지만 여기에는 어떤 처절한 견딤이 있다. 시인이 "눈 뜨고는 아는 길도 멀리 못 가는 법이다"(「꿈속의 사랑」)라고 적을 때 눈을 감고 어둠 속에서 기도하는 사람이 보인다. "멀리서 온 것과/더 멀리 떠나야 할 것이/한데 뒤섞입니다"(「아침 약」)라는 구절에서는 눈물로 흐려진 시야 속에서도 마음을 정돈하며 내 안의 빈자리를 쉽게 메우지 않으려 다짐하는 시인의 목소리가 들리는 듯도 하다. "원망은 매번/멀리까지 나아갔다가/다시 되돌아온다"(「귀로」)

라는 구절은 '멀리'가 곧 자신이 머물 영원한 희망이라는 자리라는 말로 뒤집어 읽고만 싶다. 이 시집에 그려진 많은 상(像)들은 저 '멀리'와 더불어 상처 난 몸이 바라본 이미지와 토해놓은 목소리들이라고 할 수 있다.

증여와 혼잣말, 공동영역으로서의 한국현대시

    미음을 끓입니다 한 솥 올립니다 회회 저으며 짧게 생각합니다 같이 사는 동안 보여주지 못한 나의 수선이 아른거립니다 이내 다시 되작거립니다 체에 밭쳐둡니다 아시겠지만 진득하게 남는 것은 버려야 합니다 묽어져야 합니다 고개를 파묻습니다 나는 아직 네게 갈 수 없다 합니다
                              —「마음을 미음처럼」 전문

사람을 돌보기 위해 음식을 만들어 대접하는 일만큼 중요한 일이 없다는 사실을 모르는 이는 없을 것이다. 박준은 남을 위해 음식을 만드는 일에 정성을 다하는 장면을 자주 그렸다. 두번째 시집의 해설을 쓴 신형철은 박준의 시에 등장하는 요리를 "당신을 돌보는 일"로 풀어내며 이 과정에서 당신이 돌봄을 받는 시선을 느끼고 아는 편이 좋다고 예리하게 짚었다. 왜냐하면 그 시선까지가 돌봄의 내용이며 어떤 면에서 핵심이기 때문이다. 그런데 만약 그 시선을 건네

줄 자리가 비어 있을 때 우리는 무엇을 어떻게 잘 돌볼 수 있을까.

이 시에서 음식을 만드는 과정은 어딘가 헛헛하다. 정성을 들여 음식을 만드는 모습은 익숙하지만, 이 장면에서는 음식 짓는 일보다 마음을 쏟아내는 일이 더 중요해 보인다. 끓고 있는 것은 미음만이 아니다. 고개를 파묻고 자책하는 말을 하는 마음과 여기저기 뒤적이며 되짚어 생각하는 마음, 남아 있는 사람의 마음이 함께 끓고 있다. "네게 갈 수 없다"라는 말은 이 마음을 건네줄, 또는 받아줄 사람이 없다는 의미일 것이다. 박준의 두번째 시집에서 내가 가장 귀애하는 시는 「사월의 잠」이다. 시인 특유의 독특한 돌봄의 방식이 잘 드러나 있다. 내용은 이렇다. 꿈속에서 누군가의 '뒷모습'이 나온다. 그는 몸이 가려운 듯 보인다(무언가 곤란함이 있다는 뜻일 게다). 눈에 띄게 주머니를 뒤적이는 행위도 한다(경제적 곤란함을 암시한다). 꿈의 장면은 뒷모습의 그가 뭔가 도움이 필요한 사람임이 분명해 보인다. 그런데 그는 화자의 꿈속에서 끝끝내 뒷모습만 보여주고 만다. 꿈에서 깬 화자가 우연히 손님을 맞는다. 그의 호주머니에 화자는 무언가를 채워주고(돈일 것이다) "그냥 가지 말고 잘 가"라는 말을 덧붙인다. 이 시에서 꿈속 뒷모습의 그와 꿈 바깥 사건의 그가 동일한 사람일 수도 있다. 하지만 동일한 사람이지 않아도 된다. 시인이 끝끝내 시 속 인물의 얼굴을 보이지 않은 채 뒷모습만 그린 연유도 여기 있다. 이 뒷모습에서 '증여'라는 숨겨진 메시지를 찾아낼 수도 있다. 내가 주는 행위가 불특정 다수를 향하고 있다는 말은 되갚음을 상정하지 않는다는 뜻이다. 나의 도움을 받은 이가 그 도움을 유사한 처지의 다른 이에게 전하는 것, '증여'란 이렇게 대가 없이 퍼져나가는 방식이다. 주는 이가 돌려받는 것이 아니라 누구에게든지 주고 내가 속한 세상이 돌려받는 방식의 이 운동은 세상을 깊이 만나고 세상의 곤란을 도우며 세상을 수선하는 자리에 가닿는다. 그렇다면 「마음을 미음처럼」에 놓인 어려움도 해결할 방법이 없는 것은 아니다. '너'에게 주지 못하더라도 '너'와 유사한 자리에 있는 사람을 돌보는 일도 하나의 길이 되지 않겠는가. 이는 '너'를 방치하는 일이 아니라 '너'가 살았을 세상을, '너'와 무언가를 주고받았을 사람들을 보살피는 일이며 또한 그것은 어쩌면 '너'가 했을 일을 내가 대신하는 일이 될 수도 있겠다. 이런 생각을 하다보면 '한 솥'이라는 표현이 심상치 않아 보인다. 그것은 '너'의 부재로 인한 화자의 고통의 크기와 무게를 말하기도 하지만 동시에 한 사람을 돌보는 일과 그 사람이 속한 공동체의 다른 사람을 돌보는 일이 연결되어 있다는 사실을 시인이 은연중 암시한 대목이 아닐까.

　네가 두고 간 말을 아직 가지고 있어 어디에 쓰는 것인지도 모르는데 내가 어떻게 버릴 수 있었을까 그러니 마냥 넣어두고 다녔지 작은 열쇠처럼 가끔 잘 있나 꺼내보

왔다가도 이내 다시 깊숙이 넣어두고 혼자 있게 했지
—「다시 공터」 전문

두번째 시집에서 시인이 계절의 기억을 모아 적었던 「가을의 말」과 「겨울의 말」을 기억하는 사람이라면 이 시집의 혼잣말이 전하는 쓸쓸함을 더 예민하게 감각할 수도 있겠다. 주위에서 나에게 주고 간 말들을 그러모아 하나의 장면으로 엮어내는 데 능숙한 시인이 이번 시집에서는 빈번히 자신에게 남겨진 말들의 용처를 몰라 헤매는 중이다. 아니, 아직은 어떤 시간을 더 겪고 지나가야 한다고 생각하는 듯 남겨진 말을 삶 속 깊숙한 곳에 다시 넣는다. 의미를 정확히 알지도 못하는 말을 삶 속에 품고 산다는 것은 그 말에 자신의 삶을 맡긴다는 뜻과 다르지 않다. 우리는 저 내맡김의 태도를 신(神)의 말을 따르는 종교인의 모습에 비추어 이해할 수도 있다. 시의 화자는 저 모호한 말에 자신을 어디까지 내맡길 수 있는지 숙고하는 것일까. 그런데 숙고와 기다림 끝에 말의 쓸모를 알아보는 순간이 도래할 것이라고는 생각하지 않는다. 아마도 이는 시인도 이미 아는 바일 것이다. 그의 일차적인 목표는 저 말을 마음 깊이 혼자 두게 하여 혼잣말로 화하게 하는 일인 듯싶다.

사실 혼잣말은 이미 대화의 경로를 튼 언어이다. 그것은 고요하고 내밀하고 비가시적인 상대를 호명한다. 혼잣말처럼 내밀한 청자를 불러오는 대화는 없다. 또한 그것은 청자인 상대가 숨어 있는 비밀스러운 방의 열쇠 역할을 한다. 세상에 태어났지만 충분한 시간을 가지고 전달받지 못한 말이 수신자의 혼잣말로 화하는 그 순간 다른 세계를 열어 보일 문이 개방되는 셈이다. 그러므로 어느 순간 이어나감을 멈춘 '미생의 말'에 자신을 내맡겨 혼자의 말로 화하게 하는 작업에는 아직 오지 않은 말까지도 돌보는 시인의 자리가 내재한다. 이번 시집은 박준이 저 혼잣말을 빚어낸 시간에 몸을 맡긴 기록이라고 생각한다. 그의 시가 고립되고 고독해졌다는 뜻은 아니다. 오히려 그는 혼잣말이라는 열쇠로 여러 비밀스러운 방을 열었다. 그가 열어젖힌 세계의 성격을 한국현대시사와 엮어 설명해보려 한다.

  백년이 조금 넘는 한국현대시사에 지나간 것은 아직 없는 것 같다. 현대시사의 앞머리에 이름을 올린 시인들의 언어는 지금 이 시대 시인들의 시에도 여전히 큰 영향력을 발휘하고 있으며, 시라는 공동영역에서 인연을 맺은 후대의 시인들은 앞선 시의 언어들이 슬며시 남겨놓은 비밀을 자기 방식으로 열어 보이기도 한다. 박준 하면 떠오르는 시적 전통은 여럿이다. 우선 시에 그려지는 우리 땅 여기저기의 지역명과 그가 자주 구사하는 얽히고설킨 문장들을 생각하면 누구나 쉽게 백석의 자취를 만날 수 있다. 백석에게 '고향'이라는 초점이 있었다면 박준에게는 '배움터'라는 초점이 있다. 대도시와 경제적 풍요가 중심 가치가 된 세계에는 없는 배움의 내용이 박준이 그려내는 외지의 소박한 삶에는 살아 있다. 박준 시의 선한 죄책감과 맑은 참회는 윤동주의 흔적으로도 보인다. 윤동주의 단순하고 투명한 언어가 어떤 신성(神聖)에 기대고 있다면, 박준은 세상 사람들의 순정과 그것을 지탱해주는 세상의 거룩함에 자신을 의탁하고 있다. 이 거룩함에 대한 믿음이 없었다면 박준의 이번 시집은 빚어지기 힘들었을지도 모른다. 소월과 만해도 빼놓을 수 없다. 소월이 만들어낸 '저만치'의 자리를 박준은 이번 시집에서 '멀리'로 다시 썼다. 누군가는 박준의 '멀리'를 통해 소월의 '저만치'를 새롭게 해석할 시선을 얻었을 것이다. 그리고 그 '멀리'에 가닿기 위한 기다림이 있다. 만해가 그 기다림의 대상을 '님'이라고 적었다면 박준은 '흰빛'과 '부재하는 너'로 적었다. 박준의 시를 통해 만해의 기다림이 특정한 결과와 무관한 수행임을 새삼 다시 깨달았다. 또한 기다림의 대상이 나에게 직접 오지 않더라도 그것을 필요로 하는 누군가에게 전달된다면 그 또한 기다림이 이룬 성취라는 사실을 확인했다.

추신처럼 더하는 말

마지막으로 우리는 발꿈치를 들어
높게 난 창 너머를 바라보았습니다

언덕이 없는 순한 길
밤나무와 학교와 병원

저마다 바래 이제는
비슷한 색을 나누어 가진 지붕들

눈 밑에 불길을
내려두면서도
상현처럼 웃었고

언제인가
질렀어야 할 비명은
사람의 말로 나누었습니다

——「이사」 전문

　마지막으로 이 시에 개인적인 이야기를 덧붙여본다. "저마다 바래 이제는/비슷한 색을 나누어 가진 지붕들" 아래 시인의 집을 기억한다. 우리 집 역시 그 비슷한 색 지붕 아래 있었다. 걸으면 백보 안의 거리였을까. 지척이라는 말이 가능한 거리였고 유아차에 아이를 태우고 가면 채 몇분이 안 걸리는 거리이기도 했다. 그 집에 살면서 시인은 많은 것을 얻었지만 일순간 가장 소중한 것을 잃었다. 아마도 이 상실이 시의 여러 장면을 시인 손에 쥐여주었을 것이다. 미음을 끓이는 장면이나 여름 내내 입었던 옷을 가을 겨울에 속옷으로 입을 생각을 하는 이야기에도 그 상실의 흔적이 묻어 있다. 이번 시집에서 하늘을 올려다보는 시선을 마주하거나 무언가를 꼭 움켜쥔 손아귀를 그릴 때마다 나는 시인이 하늘에 무슨 이야기를 전하는 듯한, 그리고 놓치고 싶지 않았던 어떤 순간을 떠올린다는 느낌을 받기도 했다.

어느 날 시인의 집 창문이 환하게 열려 있고 이사를 나간 흔적을 보았던 아침이 있었다. 그럴 수밖에 없었으리라 되뇌면서도 못내 아쉬워 며칠간 그 집 옆을 지날 때마다 창문을 바라보았던 기억이 있다. 시인에게 말해주고 싶은 장면은 따로 있다. 이사를 나가고 한참 후까지도 시인이 두고 간 전등갓이 빈집에서도 환하게 빛을 내고 있었다고 말이다. 시인이 어느 시에서 아버지의 집을 그린 것처럼, 바람이 그 집 열린 창문을 지나 들어가고 나오는 때가 종종 있었는데 그 바람도 그 빛 덕분에 안심했을 거라는 말, 창을 통과하며 그 집을 그냥 지나지 않고 잘 지나갔을 거라는 말을 이 시집의 해설을 쓰며 꼭 덧붙이고 싶었다.

宋鐘元 | 문학평론가

| 시인의 말 |

다음 길은 얼마나 멀까
벗들은 여전히 나를 견디어줄까
길섶 드리워진 그늘마다 다시 짙을까
눈도 한번 감지 못하고
담아두어야 하는 것들이
나를 너에게 데려다줄까

2025년 봄
박준

창비시선 516
마중도 배웅도 없이

초판 1쇄 발행/2025년 4월 11일
초판 6쇄 발행/2026년 1월 8일

지은이/박준
펴낸이/염종선
책임편집/이진혁 한예진 박문수
조판/신혜원
펴낸곳/(주)창비
등록/1986년 8월 5일 제85호
주소/10881 경기도 파주시 회동길 184
전화/031-955-3333
팩시밀리/영업 031-955-3399 편집 031-955-3400
홈페이지/www.changbi.com
전자우편/lit@changbi.com

ⓒ 박준 2025
ISBN 978-89-364-2516-6 03810

* 이 책 내용의 전부 또는 일부를 재사용하려면
　반드시 저작권자와 창비 양측의 동의를 받아야 합니다.
* 책값은 뒤표지에 표시되어 있습니다.